AF227066

DIALOGUE

SUR LE

SYSTÈME SOCIAL

DE

ROBERT OWEN.

PRIX : 25 CENT.

PARIS

ÉDITEURS : PAULIN ET LE CHEVALIER,

RUE RICHELIEU, N° 60.

1848.

DIALOGUE

ENTRE

LA FRANCE, LE MONDE ET ROBERT OWEN.

DIALOGUE

ENTRE

LA FRANCE, LE MONDE ET ROBERT OWEN,

SUR

LA NÉCESSITÉ D'UN CHANGEMENT TOTAL

DANS

NOS SYSTÈMES D'ÉDUCATION ET DE GOUVERNEMENT.

PARIS,

IMPRIMERIE CENTRALE DE NAPOLÉON CHAIX ET Ce,

Rue Bergère, 8, près le boulevart Montmartre.

1848

DIALOGUE

ENTRE

LA FRANCE, LE MONDE ET ROBERT OWEN,

SUR

LA NÉCESSITÉ D'UN CHANGEMENT TOTAL DANS NOS SYSTÈMES

D'ÉDUCATION ET DE GOUVERNEMENT.

———◆———

La France. Je me trouve dans de graves embarras, à la suite du bouleversement subit qu'a déterminé chez moi un système d'oppression devenu insupportable aux masses.

Robert Owen. Qu'avait ce système de révoltant ?

La France. Il était tout en faveur des paresseux improductifs, qu'il mettait en situation de vivre avec autant de cruauté que d'injustice, sur les richesses créées avec une fatigue incessante et dans de déplorables conditions, par les travailleurs productifs. J'ai ôté le pouvoir aux paresseux pour le donner aux travailleurs; mais ceux-ci n'ont ni l'expérience ni les connaissances nécessaires pour reconstruire une société dans laquelle il soit fait à tous une égale justice, et pourvu avec un égal soin à l'existence de tous. Vous avez vu beaucoup de pays différents, et vous avez consacré une longue vie à chercher comment peuvent s'améliorer les conditions

générales de la société. Pouvez-vous m'aider à placer tous
mes enfants sous un système qui les rende bons, industrieux, intelligents, riches et heureux, ou du moins qui les
empêche de devenir méchants, paresseux, ignorants, malheureux et pauvres ?

ROBERT OWEN. Ces résultats peuvent s'atteindre en fait ;
mais le vieux système que vous avez détruit vous a inculqué
bien des erreurs et donné bien des plis mauvais. Vous n'aurez pas la patience d'apprendre le seul système qui, basé sur
la vérité et la raison, puisse produire les résultats auxquels
vous aspirez, les assurer à vos enfants, et les maintenir de
génération en génération, tant qu'il y aura des hommes sur
la terre. Je crains aussi que les mauvaises habitudes, con-
tractées par tous vos enfants sous le vieux système que vous
avez si bien fait de détruire, soient tellement enracinées chez
eux, que vous ne puissiez pas déterminer la génération actuelle
à s'en défaire.

LA FRANCE. Il faudra bien qu'ils écoutent la voix de leur
propre intérêt. Sans cela ils tomberont dans une confusion
et dans une misère encore plus grandes.

ROBERT OWEN. Eh bien ! voulez-vous creuser à fond, avec
moi et avec le Monde, cette grande question du bonheur présent et futur de vos enfants ?

LA FRANCE. Toute peu disposée que je puisse être à me
laisser arracher mes vieux sentiments, mes vieilles erreurs et
mes vieux préjugés, les souffrances qu'endurent mes enfants
de toute classe et de tout âge me font un devoir d'écouter
tout ce que vous avez à dire. Ceux de la classe laborieuse souf-
frent horriblement du paupérisme ; quel remède à cela m'indi-
querez-vous ?

ROBERT OWEN. Dites-moi d'abord, vous, s'ils sont tous utilement occupés.

LA FRANCE. Non. Beaucoup deviennent paresseux parce

que je ne leur donne pas d'ouvrage, et beaucoup font un ouvrage parfaitement inutile.

ROBERT OWEN. Comment ! vous vous plaignez du paupérisme, et vous laissez sans travail, ou à un travail inutile, ceux de vos enfants qui ne demandent qu'à travailler ! N'avez-vous donc pas d'occupation profitable à leur donner ?

LA FRANCE. Si vraiment. J'ai surabondance de terres à cultiver, j'ai des matériaux de construction, j'ai de quoi faire des machines, de quoi fabriquer des draps, de quoi procurer à tous le nécessaire, le comfort, le luxe et un excédant considérable. J'ai assez de forces, assez de connaissances mécaniques pour vaincre quelques difficultés que ce soit. J'ai aussi beaucoup de travail manuel, beaucoup de facultés intellectuelles employés en superfluités, et qui peuvent être employés mieux ; mais je n'ai pas le capital qu'il faut pour les mettre à l'œuvre.

LE MONDE. C'est aussi le cas chez moi. Partout des multitudes restent sans emploi, faute du capital nécessaire pour les faire agir et produire.

ROBERT OWEN. Qu'entendez-vous donc par capital ?

LA FRANCE. Chez moi, c'est approvisionnement d'or et d'argent.

ROBERT OWEN. Quoi ! c'est faute d'or et d'argent que vos enfants manquent d'ouvrage, que beaucoup languissent et meurent, privés de nourriture, de vêtement, de gîte, de toutes les choses enfin sans lesquelles la vie est impossible ? Ce que vous me dites là est bien étrange ; car on ne mange pas, on ne boit pas l'or et l'argent ; on ne s'en habille pas ; on ne demeure pas en eux ; ils ne retournent point la terre ; on n'en fait point des machines ; ils ne produisent par eux-mêmes quoi que ce soit.

LA FRANCE. Non ; le numéraire en lui-même ne sert à rien ne produit rien, mais avec lui on achète tout ce dont on besoin.

Robert Owen. Ainsi, si vous désirez ce numéraire que vous appelez capital, c'est comme moyen d'acheter les choses qui soutiennent et embellissent la vie?

La France. Sans doute : elles seules sont la richesse. Le capital ou numéraire n'en est que la représentation.

Robert Owen. Aurait-il une valeur, si les biens qu'il sert à payer n'existaient pas?

La France. Aucune, puisqu'il ne peut servir lui-même à rien.

Robert Owen. Et ces biens, en auraient-ils une sans lui?

La France. Certainement, puisqu'ils servent à la nourriture, au vêtement, à tous les besoins de l'homme.

Robert Owen. Comme s'obtiennent-ils?

La France. Par le travail.

Robert Owen. Et le numéraire?

La France. Par le travail aussi.

Robert Owen. Eh bien! puisque le travail crée la richesse, c'est-à-dire les biens réels, comme il acquiert le numéraire, qui n'est que leur ombre, comment laissez-vous vos enfants s'occuper de gagner du numéraire au lieu de créer de la richesse? Avec la richesse ils seraient heureux sans numéraire.

La France. Heureux sans numéraire!

Robert Owen. Oui, plus heureux sans lui qu'avec lui. C'est lui qui, représentant la richesse, et lui étant toujours inférieur en somme, cause toute l'injustice, toute l'oppression, toute la cruauté, exercées par les classes oisives sur les classes laborieuses.

La France. Cette doctrine est nouvelle pour moi, et mes enfants ne la comprendront pas sans de longues explications.

Le Monde. Ni les miens. Tous visent au numéraire et croient qu'on ne peut rien faire sans lui.

Robert Owen. C'est qu'ils ont été élevés dans cette idée-là, mais on aurait pu facilement leur en donner de toutes différentes. Que feraient-ils s'ils n'avaient plus ni or ni argent? Mourraient-ils de faim? Iraient-ils tout nus? N'auraient-ils ni outils, ni meubles, ni machines, ni maisons, et coucheraient-ils sur la dure, faute de capital, cette ombre de la richesse?

La France. Oh non! ils ne seraient pas si stupides; ils sauraient trouver quelque chose à mettre à la place du numéraire.

Robert Owen. Naturellement. Eh bien! la masse d'or et d'argent circulant étant depuis très-longtemps trop petite pour représenter la masse toujours croissante de richesse produite par une société en progrès, et qui fait chaque jour quelque découverte en chimie ou en mécanique, c'est pour avoir adopté l'or et l'argent comme signes d'échanges, que la force productive des classes laborieuses a été paralysée, et que les multitudes ont été tenues, contre leur volonté, dans l'inaction, au lieu de créer, comme elles l'auraient fait avec bonheur, assez de nouvelles richesses pour suffire à leurs besoins et à leur comfort.

La France. Je commence à voir qu'il y a quelque grave erreur au fond de cette inaction forcée d'où sortent tant de souffrances et de misères.

Robert Owen. Assez grave pour prouver que la société a été et est encore dans une sorte de démence : de démence, puisque les peuples et les gouvernements ont pu croire qu'à côté des besoins de tous il valait mieux laisser des masses de travailleurs consommer dans l'oisiveté une part des richesses produites par d'autres, que de les mettre à même d'en produire aussi.

La France. Je ne puis pas comprendre cette extravagante conduite de mes enfants.

Le Monde. Ni moi; car sans cette erreur, il est clair

qu'aucun homme voulant du travail n'en aurait manqué, et qu'avec les nouvelles forces découvertes par la chimie et la mécanique, la production aurait depuis longtemps été supérieure, partout, aux besoins de tous.

Robert Owen. Avec ces énormes forces productives que nous avons maintenant, il est certain qu'un peu de bon sens dans leur direction suffirait pour exclure l'indigence de toutes les parties du globe.

La France. Mais quel signe représentatif de la richesse proposeriez-vous pour servir chez moi aux échanges?

Robert Owen. La plus juste représentation de la richesse est le travail, puisque c'est lui qui la crée. Des bons de travail, exprimant le temps moyen employé à créer tels ou tels produits, pourraient donc être donnés contre ces produits par des banques nationales, chargées de les recevoir et de les évaluer. Il faudrait un peu de temps pour organiser cela dans toute la France. En attendant, il serait plus économique et plus facile en même temps, à cause des habitudes de vos enfants, de faire émettre par une banque nationale, ayant des succursales dans tous les départements, des billets de toute somme jusqu'à 20 fr., qui devinssent la seule monnaie légale. De 20 fr. à 5 fr., de l'argent; au-dessous, du cuivre. Mais cette mesure devrait être temporaire; car, aussitôt que vos enfants seront devenus un peu raisonnables, ils se trouveront beaucoup mieux de bons de travail que de ces monnaies.

La France. Que dites-vous? mes enfants un peu raisonnables! Ne le sont-ils pas et ne l'ont-ils pas toujours été?

Robert Owen. Non, ils ne l'ont jamais été, et ils sont maintenant plus déraisonnables que jamais.

La France. Mon bon ami, n'êtes-vous pas un peu sévère dans l'opinion que vous avez de mes aimables et intelligents enfants? Qu'appelez-vous déraison?

Robert Owen. Je ne suis pas sévère, et je ne veux pas l'être ; mais je dois être juste pour le bien de tous vos enfants et de tous les enfants du Monde. Je vais vous expliquer en quoi je trouve les vôtres insensés :

1° Ils souhaitent de la richesse, et prennent les moyens les plus propres à perpétuer la pauvreté des masses ;

2° Ils prétendent devenir bons et sages, et suivent les méthodes les plus certaines pour rester stupides et méchants ;

3° Ils veulent, disent-ils, devenir doux, humains et charitables pour leurs frères, et ils adoptent les mesures les plus efficaces pour rester les uns envers les autres querelleurs, impitoyables et injustes ;

4° Ils se targuent de franchise dans leurs rapports avec les autres nations, et ils prennent la voie la plus sûre pour empêcher la vérité d'être dite et entendue ;

5° Ils parlent de voir le peuple industrieux, et ils prennent à tâche d'habituer à la paresse les masses qui voudraient le plus travailler ;

6° Ils veulent être économes et appliquer leur énergie à produire les meilleurs résultats pour eux-mêmes comme pour les autres, et ils dépensent leurs facultés et leur temps de la manière la plus inutile, la plus erronée et la plus extravagante, sans atteindre la centième partie des biens qu'ils se flattent d'obtenir ;

7° Ils désirent vivre unis comme frères d'une même famille, et ils se dirigent d'après des principes qui, tant qu'on les maintiendra, créeront la concurrence, la désunion et l'éloignement le plus fâcheux entre les hommes et les nations ;

8° Ils disent qu'il n'y aura plus ni crimes, ni vices, et ils s'arrangent de façon à les perpétuer ;

9° Ils répétent qu'ils feront tout ce qu'il faudra pour se rendre intelligents, heureux, et ils continuent de suivre juste la route qui les en éloigne le plus ;

10° Ils reconnaissent que l'homme est la créature des circonstances, que telles elles sont, mauvaises, médiocres ou bonnes, tel il est lui-même ; et les nations les plus éclairées, au rang desquelles ils se placent, restent dans les circonstances les plus basses, les plus vicieuses et les plus funestes que la race humaine puisse se créer, tandis que, si elles devenaient un peu raisonnables, elles se hâteraient de s'en tirer pour se replacer dans les conditions les plus favorables à l'élévation et à la vertu. — Je ne vous cite là qu'un bien petit nombre des plus frappantes inconséquences de vos enfants et de ceux du Monde. Être si inconséquent est être fou ; et il faut espérer que votre dernière révolution de trois jours sera ou amènera le terme de cette lamentable histoire du genre humain.

La France. Bien. Il y a, ce me semble, beaucoup de vrai dans ce que vous venez de me dire ; mais l'important est de savoir d'abord ce qui est à faire, ensuite, ce qui peut être fait.

Robert Owen. Je puis vous dire ce qui est à faire ; nous chercherons ensuite ce qui faire se peut.

La France et le Monde. Ce sont bien là les deux points qui nous intéressent le plus pour nos enfants. De grâce, traitez-les à fond, et sans aucune réserve. Nous désirons que nos enfants pensent et agissent bien. Nous allons donc être tout oreilles.

Robert Owen. Ce qu'il faut faire est court, clair et simple. D'abord, les trois erreurs fondamentales sur lesquelles a été basée et construite toute société depuis la première dont l'histoire nous soit parvenue, doivent être sur-le-champ et pour toujours franchement abandonnées.

La France et le Monde. Arrêtez ! Apprenez-nous, avant d'aller plus loin, quelles sont ces trois erreurs-là.

Robert Owen. C'est de croire que les individus se donnent eux-mêmes : 1º leurs qualités, leurs facultés, leurs talents et leur caractère; 2º leurs opinions, leurs croyances et leurs défiances; 3º leurs instincts et leurs sentiments; tandis qu'un peu d'observation et de réflexion suffit pour démontrer, à ne laisser sur ce chapitre aucun doute, que chacun a forcément les qualités que la nature lui donne, obéit dans ses croyances et ses défiances aux convictions irrésistibles que les circonstances lui imposent, et sent avec les instincts que la nature lui a donnés à son insu et sans son consentement. Ces erreurs graves ont changé toutes les qualités bonnes et supérieures du genre humain en basses et inférieures qualités, à tel point que beaucoup en sont venus à penser que l'homme est méchant de sa nature. Elles sont toutes fatales. Elles conduisent nécessairement à la désunion, aux contestations, à la violence, à tout l'opposé de la charité et de la douceur; elles produisent la pauvreté, le vice, le crime et toutes les passions les plus basses; elles poussent à la guerre, au vol, aux spoliations de toute nature, opposent homme à homme, nation à nation; elles donnent naissance à des mystères sans fin, que personne ne peut comprendre, et forcent la race humaine à être fausse et trompeuse; elles sont, enfin, les véritables causes qui retiennent les masses dans l'ignorance, l'indigence et la dégradation, et tous les hommes, quels qu'ils soient, dans un état plus ou moins malheureux.

La France et le Monde. Assez, assez de cette effrayante peinture, qui n'est que trop véridique. Expliquez-nous maintenant comment nos enfants peuvent se dégager de ces erreurs-là.

Robert Owen. Je vous ai dit que les bases de toutes nos sociétés doivent être entièrement et pour toujours abandonnées; j'ajouterai maintenant que toutes les complications, toutes les institutions inventées pour soutenir ces erreurs, parce qu'elles étaient nécessaires, doivent être remplacées par un arrangement tout nouveau des choses de la vie, d'accord avec les lois imprescriptibles de l'humanité, lois encore aujourd'hui les mêmes qu'au moment où l'homme fut créé, et desquelles, par conséquent, la vérité se démontre sans aucune difficulté.

LA FRANCE ET LE MONDE. Quelles sont ces lois?

ROBERT OWEN. Le revers des erreurs fondamentales que je vous ai citées. C'est d'abord que les qualités générales de l'humanité, celles qui sont communes à tous les hommes, comme celles dont sont composés quelques individus, et qui existent en eux, sont l'ouvrage immédiat du grand Être créateur de l'univers; que ce grand Être en est seul responsable, et qu'il faut que les hommes soient bien ignorants pour avoir appris, par tradition, d'ancêtres plus ignorants encore, à appeler ces qualités et ces défauts, le bien et le mal.

LA FRANCE ET LE MONDE. Les hommes ne sont donc responsables ni de leurs qualités, ni de leurs facultés, ni de leurs forces naturelles?

ROBERT OWEN. Non. Il y a de la folie à vouloir qu'ils soient responsables de ce sur quoi ils n'ont ni connaissance ni contrôle.

LA FRANCE ET LE MONDE. Ceci est un point important. C'est de lui que dépend le vrai ou le faux, le bon ou le mauvais de votre système. Expliquez-vous donc tout à fait.

ROBERT OWEN. M'y voici. L'expérience de tous les temps démontre que l'homme a toujours été l'ouvrage des circonstances, latitude et longitude, sous lesquelles il a été élevé. Il naît Américain du Midi ou du Nord, Européen, Asiatique, Africain, insulaire de l'océan Pacifique, Russe, Allemand, Français, Italien, Anglais, Irlandais, ou enfant de plus vastes empires; chrétien, juif, mahométan, indou, disciple de Confucius ou païen. Par conséquent, sous le rapport du continent, du pays, du langage, de la religion, de la manière de vivre, l'enfant n'a ni connaissance de ce qu'il est, ni faculté de le discuter, ni pouvoir de s'en défendre. Il est physiquement et moralement l'esclave de la société qui l'entoure. Rien n'est donc plus injuste, plus impie et plus cruel que de rendre les individus responsables de ce qu'ils sont ce que la nature et la société, sans leur participation, les ont faits. Il est déraisonnable et fou à la société de se conduire ainsi, de blâmer et de punir, même de mort, les individus, pour des fautes, des erreurs et une ignorance dont elle est la première cause. Car c'est elle qui crée les bons et les mauvais caractères, soit par ce qu'elle fait, soit par ce qu'elle néglige de faire.

La France et le Monde. Voilà une étrange doctrine! Si nous supprimions la responsabilité de l'individu, et cessions de le punir de ses méfaits, qui nous défendrait du vol et de l'assassinat? Ne serait-ce pas une confusion pire que celle de Babel?

Robert Owen. C'est le principe de la responsabilité qui est étrange; c'est en le supprimant qu'on supprimerait le vol, le meurtre, le crime, la nécessité de punir. C'est de cette idée folle et à laquelle les hommes tiennent, comme s'ils formaient leurs caractères eux-mêmes, que sont sortis l'ignorance, la pauvreté, le manque de charité, toutes les mauvaises passions, la discorde, le crime et la guerre. Faites-la disparaître, et tout marchera droit à la santé, à la richesse, à la science, à la bonté, à la perfection et au bonheur. Otez la responsabilité à l'individu, qui ne peut rien sur la société, et transportez-la à la société, qui peut tout sur l'individu; les plus hautes destinées de l'homme seront promptement et facilement remplies; la charité, la paix, l'amour, seront bientôt le caractère de tous.

La France et le Monde. De grâce, continuez; vous abordez là des sujets tout nouveaux pour nous.

Robert Owen. Puisque c'est la société qui forme les caractères, il faut, si vous voulez devenir des êtres raisonnables, abandonner pour le présent et l'avenir vos folles notions sur le mérite ou le démérite, et ne plus croire qu'il soit dû une louange ou un blâme, une récompense ou un châtiment, à une opinion, à un sentiment, à une croyance, à un doute, à une conduite quelconque.

LA FRANCE ET LE MONDE. On nous a toujours appris à penser tout le contraire.

ROBERT OWEN. Je sais cela, et que cette éducation vous a rendus impitoyables, durs, colères, pleins de défiance, de fausseté, trompeurs, trompés, et cherchant mutuellement à vous nuire et à vous tuer ; que vous êtes ainsi devenus des animaux ignorants de votre propre nature, méchants, déraisonnables et insensés, agissant toujours en opposition avec votre propre bonheur et avec celui des autres. Comme vous ne formez pas vous-mêmes vos opinions, vos sentiments, vos croyances et vos doutes, il est parfaitement déraisonnable, je vous le répète, de rendre vos enfants responsables de quoi que ce soit de ce qu'ils font.

LA FRANCE ET LE MONDE. Quoi ! nous n'avons aucun mérite à croire la vérité, à être fidèles à nos chères, à nos sacrées, à nos divines opinions ! C'est une insulte que vous nous dites, c'est un outrage que vous nous faites là.

ROBERT OWEN. Patience, bonnes mais irritables personnes que vous êtes ; je vous ferai voir bientôt que je suis votre meilleur ami. Dites-moi d'abord avec calme quelles sont ces chères, ces sacrées, ces divines opinions que vous avez été instruits à croire si vraies. Vous me direz ensuite à quoi elles vous ont servi.

LA FRANCE. Ce sont les opinions que le monde entier connaît et maintient sur la religion, la politique, le commerce, l'éducation, le gouvernement, toute chose enfin : j'ai seule raison ; tous ceux qui ne pensent pas comme moi se trompent grossièrement, et, permettez-moi de vous l'ajouter, méritent d'être anéantis. Vous voulez savoir à quoi ces opinions m'ont servi? A me faire ce que je suis. Ce n'est pas peu dire.

Robert Owen au Monde. Que dites-vous, Monde, de cette confiance de la France que ses opinions sont les seules vraies?

Le Monde. Il n'y a pas le moindre doute, la France se trompe. Mais elle est un peu mauvaise tête, et pour le moment fort irritée. Laissez-lui le temps de la réflexion ; elle reviendra à de meilleurs sentiments, et nous la trouverons non-seulement raisonnable, mais encore généreuse et douce pour tous ceux qui ne pensent pas comme elle.

Robert Owen, au Monde. Vous dites que la France se trompe. Pourquoi dites-vous cela?

Le Monde. Parce que tous les autres enfants que j'ai sur la surface de la terre diffèrent d'elle et sont pourtant tout aussi consciencieux qu'elle; mais tous sont tellement opposés l'un à l'autre, que j'ai toujours été fort embarrassé de savoir qui d'eux a raison. Chacun d'eux est également persuadé que c'est lui et non les autres. Je sais qu'il ne peut y avoir qu'une vérité sur la religion, le gouvernement, les lois, le commerce, la circulation, l'éducation propre à faire le bonheur de tous ; mais il y a une telle confusion parmi tous mes enfants sur ces différents sujets, que j'emploierais toute ma vie et les plus sérieux efforts à chercher qui d'entre eux a raison, sans pouvoir le dire avec une complète certitude.

Robert Owen. Est-il probable qu'aucun d'eux ait trouvé la vérité sur une seule de ces questions-là?

Le Monde. Pourquoi cette question : est-il probable?

Robert Owen. C'est que, fit-on des calculs sans fin, en prenant pour base 1 et 1 font 3, il serait non-seulement improbable, mais positivement impossible d'arriver jamais à un résultat vrai, et que tous vos enfants ayant fait leurs affaires d'après des notions fondamentales fausses sur la nature humaine, il est impossible qu'aucun d'eux soit dans le vrai. Tous leurs procédés sont nécessairement et directement opposés aux lois de Dieu, c'est-à-dire du pouvoir créateur de l'univers, et qu'on appelle Dieu. Ce que c'est que ce pouvoir, personne ne l'a encore découvert. Il n'y a que des insensés qui puissent prétendre avoir fait cette découverte.

Qui, en le cherchant, a jamais trouvé Dieu ?
(Bible.)

Le Monde. Et vous avez, vous, trouvé la vérité ?

Robert Owen. Les circonstances m'ayant permis et mis à même de pénétrer, jusqu'à un certain point, quelques erreurs et quelques vérités fondamentales sur la nature de l'homme, ces découvertes m'ont conduit à trouver d'autres importantes vérités sur les questions qui se rattachent aux progrès, à l'excellence et au bonheur des hommes.

Le Monde. Comment êtes-vous sûr que ce soient des vérités ? Quel critérium en avez-vous ?

Robert Owen. Le seul qui ait toujours existé, le seul qui existera toujours.

Le Monde. Vraiment ! Eh bien ! cette découverte est d'une immense, d'une incalculable importance ; car elle dissipera d'innombrables erreurs, et nous mènera à les détruire toutes. Je suis impatient de la connaître.

Robert Owen. La vérité est reconnaissable aux signes que voici : elle est toujours conséquente avec elle-même, et d'accord avec les faits passés, présents et futurs bien constatés ; elle est une dans tout l'univers ; elle ne se contredit elle-même dans aucune de ses parties. Tout ce qui n'a pas ces conditions-là dans leur plus grande étendue, sans limite et sans exception, doit être considéré comme faux. En ramenant tout à ce critérium, on arrive à trouver que la charité doit être la règle de l'univers : la charité, la première de toutes les vertus ; car elle crée nécessairement l'universel amour, l'union, la paix, la science, la bonté et le bonheur. Vous, France, et vous, Monde, vous êtes l'un et l'autre bien loin de tout cela.

Le Monde. Ou vous êtes un visionnaire, un fou, ou vous m'énoncez la plus importante de toutes les vérités pour le futur bien-faire et le futur bien-être de tous mes enfants.

Robert Owen. Vos enfants désirent-ils être rendus bons et heureux ?

Le Monde. Certes, ils désirent tous être heureux, et je sais, moi, qu'ils ne peuvent être heureux qu'à la condition d'être bons. Le désir d'être heureux est le mobile de toutes les actions ; c'est un stimulant donné à tout ce qui a vie.

Robert Owen. Le bonheur est en effet la destinée humaine ; toutes choses en ce moment tendent à l'accomplir. Les trois jours de révolution de Paris sont un premier pas dans la bonne route. Ce sera le devoir du Gouvernement provisoire et de l'Assemblée nationale de suivre, résolument et sans dévier, cette voie ouverte pour l'univers entier, à la paix, à l'excellence, à la vérité et au bonheur.

Le Monde. On ne l'entend pas ainsi, on est plein de préjugés en faveur des vieux principes. On s'opposera vivement à ce que vous voulez, et si vous osez combattre les idées préconçues du peuple, on vous tuera.

Robert Owen. La mort d'un homme n'est pas à considérer quand il s'agit de fonder à toujours le bien-faire, le bien-être et la félicité de tous.

Le Monde. Tous sont trop profondément imprégnés des idées qui leur ont été données, dès l'enfance, par l'éducation ; ils sont trop pleins des erreurs du vieux système ; ils ne vous écouteront pas.

Robert Owen. Ils n'en sont que plus à plaindre, puisqu'ils n'ont pu se défendre de ces erreurs ! et c'est à moi de trouver le moyen de les en dégager, ainsi que de les amener à écouter ce que je veux leur apprendre. Qu'ils écoutent, et je ne crains pas de ne pas les persuader.

LE MONDE. N'est-ce pas une folie de compter si fort sur le succès, dans cette lutte herculéenne, contre les sentiments les plus anciens et les plus enracinés ?

ROBERT OWEN. Non, ce n'est pas de la folie; c'est de la philosophie saine, calme et persévérante, c'est tout bonnement du sens commun. Je dois promptement réussir.

LE MONDE. Sur quoi basez-vous cette confiante espérance d'une victoire finale sur tous les préjugés de mes enfants ?

ROBERT OWEN. Sur la nature de l'homme et l'irrésistible pouvoir d'une vérité qui émane en principe des éternelles lois de la nature humaine, et qui doit, dans son application, donner à tous les hommes une permanente félicité.

LE MONDE. Je vois qu'il n'y a pas à vous détourner de votre projet. Mais à propos de sentiment, vous avez dit que nos enfants ne se forment pas individuellement eux-mêmes; que leurs qualités, leurs facultés, leurs inclinations, leurs forces naturelles, tant physiques que morales et mentales, se forment chez eux sans leur consentement et à leur insu, et que leurs opinions, croyances et doutes, leur sont imposés par des convictions plus fortes que leurs esprits; en sorte qu'aucun individu n'est dans la réalité, sur ce point, ni méritant, ni déméritant. Je suis forcé, par la démonstration, de penser sur ce dernier point comme vous; quoique ce soit contraire à tout ce que j'ai appris dans mon enfance; mais pour nos sentiments, nos goûts et nos dégoûts, ils sont aux ordres de notre volonté, et certainement, à cet endroit, nous méritons ou démeritons, dignes, dans le présent et dans l'avenir, d'éloge ou de blâme, de récompense ou de châtiment.

ROBERT OWEN. Non; vous et vos enfants vous êtes encore dans l'erreur sur ce point comme sur toutes les autres questions qui se rattachent aux lois de l'humanité. Ces lois sont que l'homme doit avoir de l'éloignement pour ce qui ne convient pas à son être ou à son organisation individuelle, du penchant au contraire pour ce qui leur convient; que par conséquent il n'y a pas plus de mérite ou de démérite dans le goût ou dans le dégoût, dans l'amour ou dans la haine, que dans la croyance ou dans la défiance, dans la beauté ou dans la laideur. L'opinion contraire et ses conséquences pratiques ont produit entre les deux sexes des maux et des crimes, des déceptions et des jalousies, des maladies et des meurtres innombrables; mais la vérité une fois connue et admise, la société une fois arrangée d'après les grands et éternels principes de l'humanité, d'après les lois de la nature et de Dieu; les hommes devenus vertueux, intelligents et unis, d'ignorants, pauvres et désunis qu'ils sont, arriveront heureux et bien portants à un âge avancé, auquel ils cesseront de vivre sans peine et sans regrets. L'anxiété et l'injure étant inconnues à ces êtres formés et placés conformément à la raison, l'époque de leur mort sera probablement entre 140 et 150 ans.

La France et le Monde. Sûrement, vous ne pouvez pas être sérieux dans ce que vous venez de nous dire là? N'est-ce pas un rêve de votre imagination?

Robert Owen. Non, mes amis. Ce sont des paroles de vérité; c'est le fruit de lectures longues et variées, de méditations personnelles et confidentielles pendant plus d'un demi-siècle avec les principaux hommes d'État de l'Europe et de l'Amérique, avec les esprits qui se sont le plus occupés des choses de la vie, avec les philosophes les plus expérimentés de l'Europe et de l'Asie. Pour me fortifier dans la croyance que les principes dont je me fais l'organe sont vrais et inaltérables dans la pratique, je n'ai pas seulement leurs déclarations, aussi avancées qu'elles pouvaient l'être avec

l'état des connaissances humaines actuelles, j'ai des raisons
de conviction plus fortes encore, et d'après elles, je ne crois
pas seulement, je sais que ces principes sont éternels, inatta-
quables, soit par arguments, soit par faits, et qu'ils peuvent
être appliqués à tous les êtres qui habitent maintenant la
terre, pourvu que ceux-ci acquièrent un peu de raison.

LA FRANCE ET LE MONDE. Voilà un langage bien fort et
bien peu favorable aux sentiments comme aux préjugés
(puisque préjugés il y a) de chacun de nos enfants. Ils ne
vous écouteront pas; ils vous traiteront plus que jamais de
rêveur et de visionnaire; ils courront après vous, vous injurieront, vous calomnieront, vous donneront des noms abo-
minables; ils vous feront plus noir que le diable, et ne
voudront pas croire un seul mot de vos doctrines; ils sont
prévenus contre vous et vos nouveautés. Que pouvez-vous y
faire?

ROBERT OWEN. Ils ont été depuis leur naissance si mal
soignés, au moral comme au physique, qu'il faut une grande
douceur pour les préparer à recevoir une médecine mentale
qui leur rende un peu de raison. Ils m'injurieront, dites-vous.
De quelle conséquence cela peut-il être? une injure n'est pas
un argument. Ils ne me croiront pas? Pauvres créatures
trompées, ils ne savent pas que ce qu'ils croient ne dépend
d'eux en aucune manière. Je ne leur ferai croire, moi, que
des choses dont chaque instant démontre l'exactitude. Ils
ne m'écouteront pas? Je leur sonnerai si haut la vérité, qu'ils
ne pourront s'empêcher de m'entendre. Le premier son de
ma trompette a déjà retenti en Europe et en Amérique. On
m'y a répondu : Association, liberté, égalité, fraternité. Mais
ce sont encore des mots vagues, peu compris par tous, craints
par beaucoup parce qu'ils ne sont pas compris. Je vais en
sonner de nouveau pour préparer à m'entendre; puis je dirai
comment cette association est raisonnable; comment la liberté

peut être réelle; comment l'égalité est vraie et juste, et ce qu'il faut pour créer entre vos enfants une fraternité si universelle telle, qu'ils vivent ensemble comme une famille de frères et de sœurs, où le plus vif désir, la plus grande jouissance de chacun serait de faire le bien de tous.

La France et le Monde. Nous sommes confondus de ce discours, et nous ne savons qu'en penser. Mais supposons que les principes que vous dites vrais soient en effet les lois éternelles et immuables de la nature, comment les appliquerez-vous à une génération élevée dans des opinions toutes contraires et des habitudes plus contraires encore?

Robert Owen. Mes amis, j'ai été un homme d'action de fort bonne heure. Je suis familiarisé avec la théorie et la pratique du commerce de gros et de détail, avec la fabrication de beaucoup de machines curieuses, avec la confection en grand d'habillements de toute sorte. J'ai été négociant exportateur, agriculteur théoricien et pratique; je suis inventeur en fait d'éducation, et manufacturier assez expérimenté en fait de caractères humains. Les idées les plus intimes des princes, des hommes d'Etat et des philosophes, le but des économistes politiques, les professions civiles et militaires, les commerçants, les banquiers et leurs opérations, tout m'est connu, tous sont pour moi un spectacle; et je ne vois dans chacun et dans tous, quelles que soient leurs différentes carrières, qu'un seul et même système auquel tous ont été dressés : vendre ses services le plus cher possible aux autres, acheter les services des autres le moins cher possible. C'est par ce système qu'ils se sont tous faits bas, trompeurs, pleins d'artifices, et que vos sociétés ont été construites et divisées de manière à faire de tous vos enfants autant de victimes, à les rendre forcément déraisonnables, oppresseurs ou opprimés, et à priver depuis le premier jusqu'au dernier de son droit naturel à la liberté, à la perfectibilité et au bonheur.

La France et le Monde. Comment vous proposez-vous de changer cet état de confusion où se trouvent le Monde et la France?

Robert Owen. C'est cette question-là qui occupe en ce moment tous les meilleurs et les plus lucides esprits du monde civilisé. Je vais vous en donner la solution qui me paraît la plus aisée, la plus économique, la plus prompte et la meilleure. Par elle l'univers changerait pacifiquement de face sans dommage pour personne et au grand avantage de tous.

La France et le Monde. C'est là ce que tous mes enfants brûlent de savoir.

La France. Les miens surtout, à présent qu'une assemblée nationale est près de se réunir pour décider la forme nouvelle de gouvernement et le plus sage emploi possible de toute la population.

Robert Owen. Je conseille au Gouvernement provisoire et à la prochaine assemblée nationale d'abandonner toute idée de replacer graduellement la société sur ses vieilles bases. Il faut la reconstruire entièrement sur les principes fondamentaux de l'humanité, tels qu'ils ont été posés par Dieu; et suivre bien résolument, à travers toutes ses ramifications, les conséquences de ces divers principes. Pas de demi-mesures. Rien ne réussirait, tant que la société conserverait ses faux principes actuels, ses détestables pratiques, ses classifications déplorables et tous ces arrangements artificiels, oppressifs, injustes, cruels, qu'il a fallu inventer pour soutenir un état de choses contraire à la nature. Impossible avec tout cela de donner aux hommes un meilleur caractère, du bien-être et du bonheur. C'est grâce à l'évidente ignorance des lois de l'humanité et de l'art de construire pour tous une existence prospère, intelligente et heureuse, que les conditions fatales dans lesquelles vit la race humaine ont été jusqu'à présent maintenues par l'artifice, par la fraude et par la terreur.

La vérité, la fermeté, l'honnêteté et le courage moral, sous la conduite d'un pur et intelligent esprit de charité pour la malheureuse ignorance dans laquelle a été élevée l'ancienne société, et pour les dommageables circonstances dans lesquelles ont été placés le riche et le pauvre, sont maintenant nécessaires pour diriger cette grande révolution dans toutes les affaires humaines, de telle sorte que nul ne soit lésé par le changement, ni dans sa propriété, ni dans sa personne, ni dans son âme, et qu'au contraire, sous tous les rapports, il ne soit personne qui n'y gagne.

LA FRANCE ET LE MONDE. Comment un changement si entier et si étendu peut-il s'effectuer non-seulement sans préjudice pour personne, mais encore au profit de tous?

ROBERT OWEN. Il est possible, il est praticable, et on le trouvera aisé à exécuter, si on veut bien réfléchir qu'il est dans la théorie, comme dans la pratique, entièrement basé sur la vérité, la justice, au lieu de l'être sur l'injustice et la fausseté, que d'un autre côté, les moyens surabondent pour créer une richesse supérieure à tous les besoins d'une société qui, partout, se sera élevée à des conditions d'existence plus larges que jamais ne l'ont été dans aucun pays celles des classes les plus favorisées; qu'enfin, chacun sera pourvu toute sa vie de ce qu'il lui faudra, aura pleine et impartiale justice, et, par suite du caractère raisonnable et supérieur donné à tous, jouira de plus de liberté individuelle que personne n'en a jamais possédé sous les faussetés et les déceptions du système actuel.

LA FRANCE ET LE MONDE. Vous nous étonnez de plus en plus, et nous sommes tout à fait en défaut pour deviner de quelle façon vous pouvez appliquer vos principes. Comment comptez-vous vous y prendre avec les préjugés, les classes, les conditions de notre vieille société?

Robert Owen. Tout simplement ; je les laisserai où elles sont, je n'y toucherai en rien ; comme on a fait avec les routes, quand les chemins de fer ont été construits ; je ne demanderai à personne de changer de position ; chacun n'en changera que s'il le désire, en voyant l'énorme supériorité du nouveau système. Ce système d'ailleurs sera bien vite compris en raison de sa marche droite à la vérité, de sa conséquence avec lui-même et de sa belle simplicité.

Au lieu des arrangements compliqués, confus, contradictoires, injustes, cruels et incroyablement déraisonnables du système actuel, que personne ne comprend et dont personne ne voit que de très-petites parties et de très-insignifiantes divisions ; au lieu de cette mystification éternelle du public, qu'on tient dans l'ignorance des bases de la société, de son travail, et à qui on ne permet d'apprendre ses maux que par expérience, lui faisant d'ailleurs croire qu'ils sont inévitables, et qu'il n'y a rien à faire qu'à tendre patiemment le cou, tandis qu'il fallait les regarder en face, en pénétrer la cause et l'extirper, vous aurez des règles si sûres et si évidentes en principe, si faciles et si simples dans la pratique, que la jeunesse des deux sexes pourra pleinement comprendre, dès l'âge de quatorze à quinze ans, l'ensemble de la société dans ses principes, ses procédés, son but, et voir clairement devant elle la route de la perfectibilité et du bonheur dans laquelle les inclinations et les habitudes qu'on lui aura données lui inspireront le besoin de s'avancer.

La France et le Monde. Vos exposés et vos promesses sont magnifiques ; mais le mode à suivre ?

Robert Owen. Il n'y en a qu'un. Que le peuple français exprime sa volonté, après mûre délibération, par la voix de la majorité de l'Assemblée chargée de lui donner une constitution nouvelle, qui puisse servir d'exemple à toutes les nations de la terre. C'est une affaire nationale.

LA FRANCE ET LE MONDE. Quelle doit être la forme du gouvernement ?

ROBERT OWEN. D'abord, par nécessité, et vu l'inexpérience de la génération actuelle, et le caractère généralement ignorant et bas que lui ont donné de fausses et vicieuses institutions, c'est une république qu'il faut, comme mesure préliminaire. Pendant sa durée, la France et le monde se prépareront au plus parfait de tous les gouvernements, à celui du peuple par lui-même.

LA FRANCE. La république n'est donc pas une forme de gouvernement parfaite ?

ROBERT OWEN. Non. Toutes les formes de républiques dont on a essayé jusqu'à présent ont eu, tout comme les autres formes de gouvernement, de graves défauts. Mais avec la mauvaise éducation de la généralité des esprits, c'est la moins défectueuse que vous puissiez pour le moment adopter, et la longueur du temps pendant lequel elle pourra vous être utile dépend de l'organisation que vous allez lui donner. Les élections, qui ne peuvent pas, à un début, être évitées, sont de grands maux. La dernière et la plus avancée de toutes les républiques, les États-Unis, en sont une preuve. Les élections, qui sont là continuelles, tiennent dans une incessante action les plus bas sentiments, les plus mauvaises passions, et s'opposent autant au progrès qu'à l'harmonie de la société.

LA FRANCE. Comment ! vous comptez gouverner un jour sans élections ?

ROBERT OWEN. Oui, beaucoup mieux qu'avec, et beaucoup plus justement. Mais on ne peut aller sans elles à présent, à cause de l'injustice passée de l'éducation du peuple, et de la négligence qu'on a eue pour les classes laborieuses.

LA FRANCE ET LE MONDE. Que pouvons-nous, par exemple, faire immédiatement de ceux de nos enfants qui ne sont pas utilisés ?

ROBERT OWEN. Employer chacun d'eux sans perdre une minute.

LA FRANCE ET LE MONDE. De quelle manière?

ROBERT OWEN. Faites-en une armée d'un nouveau caractère, une armée chargée de la défense du pays, et de pourvoir elle-même à sa propre subsistance, sans aucuns frais pour la nation, une armée civile et militaire qui devienne le modèle de toutes les armées de l'univers. Que, pour commencer, chaque division consiste en quatre cents hommes et leurs familles. Qu'on leur apprenne à défendre leur pays, à produire tout ce qui leur sera nécessaire pour eux et pour leurs enfants ; que pendant un certain temps ils soient exempts de taxes, excepté de celles indispensables à l'entretien des officiers qui les instruiront et leur commanderont.

LA FRANCE ET LE MONDE. Mais comment établir ces gens-là ?

ROBERT OWEN. Que le gouvernement achète ce qu'il faut de terres pour leur installation ; qu'il leur fasse des bâtiments pour les besoins domestiques, les échanges et les machines ; qu'il fasse de cette terre une main-morte, et complète l'établissement de telle sorte qu'il devienne une cité formée seulement de bons et supérieurs éléments ; que les plans soient appropriés aux diverses localités où ces cités seront établies ; qu'elles soient soumises, dans le commencement, à une discipline militaire douce, mais ferme, et que, par degré, à mesure que les enfants grandiront et seront convenablement élevés pour leur destination, chaque commune se gouverne conformément à une constitution que j'ai remise à quelques membres du Gouvernement provisoire. Je me prépare à publier les motifs de chacune des lois qui composent cette constitution.

LA FRANCE ET LE MONDE. Mais la formation et le gouvernement de ces communes ne seraient-ils pas difficiles, peut-être même impraticables ?

Robert Owen. Sous le système de mensonge et de fraude, qui ne s'est soutenu un peu de temps que par la force et la peur, qui écrase encore les classes laborieuses en Angleterre et en Irlande, et qui, heureusement pour vos enfants, est aujourd'hui renversé, il eût été non-seulement difficile, mais impossible de fonder de pareilles communes. Mais sous le nouveau système de société que je propose à votre adoption, elles seront faciles à fonder, à mesure que, paisiblement et successivement, l'ancien système sera abandonné. Bien plus, tous vos enfants y concourront avec ardeur, dès qu'ils y verront un moyen sûr d'être raisonnables et heureux.

La France et le Monde. Nous ne comprenons pas encore tout à fait sur quoi vous fondez votre confiance dans le succès d'un système dont on n'a jamais essayé, et auquel s'opposent tant de préjugés. Donnez-nous le secret de cette expectative de bonheur non-seulement pour quelques-uns, mais pour tous.

Robert Owen. Volontiers. Votre instruction préparera celle de vos enfants. Le secret? c'est que nous avons aujourd'hui les connaissances nécessaires : 1º pour produire sans fatigue plus de richesses qu'il n'en faut à tous les besoins d'une société devenue raisonnable; 2º pour créer un signe circulant, juste, expédient et convenable qui puisse augmenter à mesure que la richesse augmente et diminuer avec elle, et conserver une valeur invariable, c'est-à-dire remplir les vraies conditions d'une sage et raisonnable monnaie; 3º pour donner à toute la race humaine un caractère bon et élevé, en la plaçant dès la naissance au milieu de circonstances favorables; 4º pour créer par d'habiles combinaisons ces circonstances favorables, à l'exclusion des mauvaises, dans toutes les nations du monde, et pour faire concourir ces nations, dans une union cordiale et raisonnable, à l'accomplissement de grands actes, d'un intérêt national et général. C'est enfin que le pouvoir qui gouverne l'univers, qui a créé le mouvement, la vie et l'esprit, a donné à l'homme la faculté de produire des richesses illimitées, à son usage, et de former dans ses enfants des caractères bons et élevés, afin qu'ils sachent jouir de tout, conserver entre eux une perpétuelle harmonie et vivre désormais dans la paix et le bonheur sur toute la surface de la terre.

La France et le Monde. Mais où nos enfants trouveront-ils les fonds nécessaires pour étendre et changer à ce point leur existence actuelle?

Robert Owen. Il existe dès à présent plus de richesses et de matières premières qu'il n'en faut; seulement, cette richesse, qui est la réalité, n'est pas complétement représentée par le numéraire, qui est son ombre. Que cette ombre en circulation soit portée à tout le produit annuel de chaque nation, exprimée en billets de banque nationale, seuls signes représentatifs circulant dans le pays. Par ce simple moyen, il n'y aura pas de nation possédant de la terre, des matières premières et du travail, chez qui la richesse ne puisse toujours surabonder.

La France et le Monde. C'est un sujet vaste et difficile à comprendre d'abord, mais avec lequel on sent qu'on se familiariserait sans peine, s'il était réalisé.

Robert Owen. On trouvera bientôt que c'est le système le plus aisé, le plus simple et le plus praticable qui se soit jamais offert à l'esprit des enfants du monde.

La France et le Monde. Nous le souhaitons ardemment. La charité, la douceur, la paix, réalisent la liberté, l'égalité et la fraternité.

LOIS DES CITÉS.

Section première.

- 1. Tout membre de la cité sera complétement pourvu des nécessités de la vie humaine, dans les meilleures qualités connues.

2. Tout individu né dans la cité recevra, à partir de sa naissance, l'éducation physique, mentale, morale et pratique, reconnue pour la plus propre à assurer à tous de bonnes habitudes, de bonnes manières, un bon caractère et beaucoup de connaissances réelles, sans viser toutefois à faire deux êtres semblables.

3. Tous recevront la même instruction, les mêmes principes, et seront utilement occupés suivant leur âge, leur force et leurs capacités. Autant que possible, après la part de chacun dans le travail nécessaire pour tenir la cité approvisionnée de toute chose, les occupations seront appropriées aux goûts et inclinations. Aidé par les machines connues, le travail d'approvisionnement sera de peu d'heures, et diminuera à mesure que l'expérience et les découvertes scientifiques s'étendront.

Section 2.

4. Tous les enfants seront, à partir de leur naissance, confiés aux soins de la cité dans laquelle ils seront nés, mais leurs parents pourront les voir toutes les fois qu'ils le voudront.

5. Tous les enfants d'une cité seront traités comme enfants d'une même famille. Ils apprendront de bonne heure les lois de leur propre nature, et la plus importante de toutes les connaissances, celle d'eux-mêmes. Ils apprendront également, autant que leurs facultés le leur permettront, les lois de l'action universelle, mystérieuse, éternelle, toute-puissante, qui dans toutes les langues s'appelle Dieu.

6. Pour prévenir toute erreur, il faut d'abord nettement convenir que personne encore n'a connu Dieu ou la cause de cet éternel pouvoir, de cette toute-puissante action. Mais chaque esprit devant être libre dans son appréciation de la vérité, tous seront encouragés à émettre leurs sentiments et leurs opinions, telles que les lois de leur nature les obligeront à les avoir. C'est ainsi, seulement ainsi, que le langage de la vérité peut se généraliser et la connaissance de l'humanité s'étendre.

Section 3.

7. Les deux sexes auront la même éducation, les mêmes droits, les mêmes priviléges, la même liberté. Les mariages naîtront de la sympathie naturelle; ils ne seront ni influencés par des motifs d'intérêt, ni arrêtés par ce que nous appelons considérations mondaines. Les divorces pour causes plausibles seront permis, mais non encouragés.

8. Dans ces cités, quand elles ne renfermeront plus que des habitants nés dans leur sein, formés dès leur naissance

à des mœurs nouvelles, à des sentiments nouveaux, à un ordre d'idées tiré des lois de la nature et de Dieu, il n'y aura plus de propriétés particulières, cette cause de tant de désunion, de crime et de misère.

9. Comme tous les membres de la cité auront été habitués à l'observance des lois divines, entourés d'objets extérieurs en harmonie avec eux, et mis à même d'acquérir une parfaite connaissance d'eux-mêmes, il n'y aura plus pour les individus ni châtiments ni récompenses.

Section 4.

10. Quand la population d'une cité commencera d'excéder 2,500, il sera préparé une place pour une cité nouvelle. Un noyau y sera envoyé, formé sur demandes ou au sort, avec tout ce qu'il faudra d'approvisionnements de toute nature, et ce noyau deviendra le germe de la nouvelle communauté.

11. Les cités seront successivement fédéralisées par dix, par cent, par mille, et ces fédérations s'étendront jusqu'à ce qu'elles renferment les nations, les continents, et qu'elles envahissent le monde tout entier, la découverte du télégraphe électrique enlevant tout inconvénient aux distances.

12. Ces cités seront réglées de façon à donner les mêmes avantages à tous leurs membres, et à entretenir des communications toujours faciles avec les cités environnantes.

Section 5.

13. Chacun aura la plus entière liberté de laisser parler sa conscience sur la religion comme sur tout autre sujet.

14. Nul ne contrôlera autrement que par la discussion les opinions et la croyance d'autrui.

15. Point de louange, ni de blâme, de mérite, ni de démé-

rite, de récompense, ni de châtiment, à propos de croyances ou d'opinions.

16. Chacun sera libre de suivre la religion qui lui semblera la meilleure, de publier ses opinions sur le grand être qui a créé l'univers, et de rendre à cet être le culte qui lui plaira.

Section 6.

17. Aussitôt que les membres de ces cités seront parfaitement instruits des vrais principes de l'association, ou en d'autres termes seront devenus des êtres raisonnables en pensée comme en action, chaque cité sera gouvernée dans ses affaires intérieures par un conseil général composé de tous ses membres de 30 à 40 ans, et qui se divisera en plusieurs comités. Pour ses affaires extérieures, elle sera gouvernée par tous ses membres de 40 à 60 ans, qui se diviseront de même.

18. Comme tous seront devenus des êtres raisonnables et en état de diriger leurs affaires, il n'y aura ni élection à ces conseils, ni exclusion.

19. Tous entreront à 30 ans dans le conseil de l'intérieur et en sortiront à 40 ans pour passer dans celui des affaires extérieures. Arrivés à 60 ans, ils seront dispensés d'assister officiellement à ces divers conseils.

20. Les fonctions du conseil de l'intérieur s'appliqueront à tous les besoins quelconques de la cité et se renfermeront dans ses bornes. Il organisera et dirigera la production, la distribution de la richesse et la formation des caractères; il éloignera toutes les circonstances contraires au bonheur et fera naître toutes les circonstances favorables qu'il pourra imaginer de lui-même, apprendre d'autres cités, ou emprunter à d'autres sources.

21. Les fonctions du conseil de l'extérieur consisteront à

recevoir les visiteurs ou délégués des autres cités, à communiquer avec ces cités, et à s'entendre avec elles sur la construction et l'entretien des routes et sur la transmission des excédants de produits de l'une à l'autre; à voyager pour communiquer et se faire communiquer toutes les inventions et découvertes de quelque utilité; à régler et faciliter l'établissement d'autres cités au moyen des excédants de population de celles déjà existantes; enfin, à envoyer des délégués aux plus grands comme aux plus petits groupes de cités composant la fédération générale.

22. Les conseils généraux de l'intérieur et de l'extérieur auront plein pouvoir pour tout ce qui se trouvera sous leur direction, aussi longtemps qu'ils ne s'écarteront pas des lois naturelles et divines. Ces lois seront leur seul guide en toute circonstance quelconque.

Section 7.

23. Les malades, soit au physique, soit au moral, seront placés par le conseil de l'intérieur dans un hôpital où ils recevront dans la retraite tous les soins imaginables, jusqu'à ce qu'ils soient rétablis.

24. Le conseil, lorsque ce sera nécessaire, cherchera hors de son sein les talents et les conseils qui lui manqueront.

25. Pour prévenir toute déviation et toute discorde dans les opinions et les sentiments des membres adultes des diverses cités, et pour y maintenir les lois de Dieu dans toute leur pureté, il sera convoqué le premier jour de chaque année, dans chaque cité, une assemblée générale de ceux qui auront passé par les deux conseils et de ceux qui, élevés dans la cité depuis leur naissance, auront passé 18 ans, sans avoir atteint l'âge nécessaire pour faire partie d'un conseil; et il leur sera lu par le membre le plus âgé de chaque conseil un

compte-rendu, que ledit conseil aura préparé, de tout ce qui se sera fait dans la cité pendant le cours de l'année expirante. Après cette lecture, l'assemblée délibérera, et, quand elle se sera mise d'accord, une commission des trois plus âgés et des deux plus jeunes de ses membres, faisant à son tour son rapport sur les comptes-rendus des deux conseils, établira si les lois divines ont été ou non observées; dans le cas de la négative, elle exposera avec vérité et charité son opinion sur les mesures qui lui auront paru contrevenir à ces éternelles et immuables lois. Tous ces rapports seront enregistrés, conservés, imprimés pour l'usage de la cité et envoyés aux autres cités de la fédération.

26. Tout différend quelconque, s'il y en a de possible avec un tel système, sera immédiatement réglé à la majorité, par trois membres ayant passé l'âge des conseils.

ROBERT OWEN.

Paris, avril 1848.